AF340056

UN

PAYSAN DE TOURAINE

A SES COLLÈGUES

LETTRE SUIVIE DES

LOIS CONSTITUTIONNELLES

Prix : **25** centimes.

SE VEND A TOURS

A L'IMPRIMERIE E. MAZEREAU, RUE RICHELIEU, 13

Et chez les principaux libraires.

1877

UN PAYSAN TOURANGEAU

A SES NOMBREUX COLLÈGUES

Mes chers Collègues,

Il y avait bien longtemps que je n'avais causé avec vous, et le temps me semblait long ; puis voilà le moment où nous allons avoir bien des choses à nous dire. D'abord, comme on dit, il faut toujours « laver son linge en famille, » et le mieux est de se borner à causer entre soi. Facilement nous nous comprendrons, parce que nous parlons simplement, et que nous n'allons point chercher midi à quatorze heures pour nous dire des vérités.

Nous sommes des gens simples : nous avons même caractère, ou à peu près, même tempérament, mêmes affections, mêmes intérêts, — tout nous unit, jusqu'à la belle humeur qui fait que nous n'engendrons pas de mélancolie ; car après tout, s'il faut tout dire, cela provient bien un peu de ce que, pour nous, les travaux sont à peu près les mêmes et que nous vivons de la même vie ; nous buvons le même vin, cet excellent nectar des crûs si renommés de notre bonne et belle Touraine, ce délicieux jus de la treille, qui réjouit le cœur, quand on en prend modérément, et qui remet notre corps des fatigues endurées dans nos rudes travaux des champs. C'est, dit-on, aux précieuses qualités de nos vins, rouges et blancs, que l'on attribue le fond de gaieté et le tantinet d'esprit que chacun se plaît à nous accorder.

Eh bien, alors ! vous tous qui m'entendez, buvons un coup, et causons !

J'en entends dire qu'ils ne sont pas Tourangeaux, et que ce n'est point à eux que ce discours s'adresse. Oh ! qu'ils ne craignent rien ! s'ils ne sont pas Tourangeaux de naissance, ils le sont de tempérament, car tous ceux qui viennent chez nous, de tant loin que ce soit, sont transformés comme par miracle dès qu'ils ont respiré les douceurs de notre climat, et mis un tant soit peu le nez dans ce que notre vieux Rabelais appelait la *purée sep-tembrale*. — Ah ! s'ils buvaient de l'eau, il est certain qu'ils resteraient toute lenr vie ce qu'ils étaient avant de venir chez nous ! Ils ne seraient jamais Tourangeaux, ni du côté de l'esprit, ni du côté du cœur ! Dieu merci, les buveurs d'eau sont rares ici, et, malgré cela, nous ne voyons pas beaucoup d'ivrognes, — cela peut se dire à l'honneur de notre pays.

*
* *

Vive la joie ! L'année est belle, et la récolte, mes chers amis, sera bonne ! Nous avons travaillé avec courage ; notre peine ne sera pas perdue. Point de misère ou de gêne en perspective pour l'hiver qui vient..... Nous mettrons, au contraire, quelques bonnes pièces de cent sous de côté, et, lorsque l'occasion se présentera, nous achèterons un petit lopin de terre où quelques bons titres de rentes sur l'Etat. Nous attendrons ainsi patiemment la saison nouvelle et la prochaine moisson ; car notre existence, à nous autres, n'est pas troublée autrement que pour semer et récolter : les semailles précèdent et les moissons suivent : toute notre vie de travail est là.

A part cela, nous nous aimons presque toujours entre parents, entre voisins quelquefois, et notre bonheur le plus parfait est sans cesse renouvelé par la vue de nos champs, lorsque l'année est fertile.

Nous mettons notre honneur et notre souci à grossir, peu ou prou, l'héritage qui nous vient de nos pères. Voilà toute notre politique à nous autres, paysans tourangeaux ; et c'est la bonne, soyez-en sûrs !

Nous n'ambitionnons point les honneurs publics, ni les fonctions, ni les places dans le gouvernement. Paysans nous sommes, paysans nous voulons rester ! Nous payons régulièrement M. le percepteur, et nos places sont encore les meilleures et les plus solides. Allez donc casser un paysan de sa place de cultivateur ! Je vous en défie bien !

Au milieu de nos fermes et de nos champs, nous sommes, sauf votre respect, tout aussi libres et tout aussi puissants que l'empereur d'Allemagne. Il n'y a point de députés, pas même les 363 réunis, assez forts pour contrebalancer notre puissance et notre droit. Bien au contraire ! Faites-moi donc le plaisir de me dire ce que serait le député sans notre suffrage ? Rien du tout. Avons-nous besoin du sien, nous autres, pour gouverner nos étables et nos champs ?

Le député, lui, quand il est nommé, a vis-à-vis de nous un grand devoir à remplir, un seul : c'est de faire tout ce qu'il faut pour seconder le gouvernement et ne point se mettre en travers de sa marche, parce que, quand le gouvernement est gêné dans ses mouvements, il ressemble à ces attelages mal assortis, où l'un tire à *hue* et l'autre à *dia* : tout s'arrête ; les affaires languissent ; il y a du retard dans l'écoulement des produits de l'agriculture, et le vide se fait dans nos petites épargnes. Le député forfait à son devoir et à l'honneur de son mandat lorsqu'ils agite le pays au profit de ses propres idées politiques, dont nous nous moquons comme de notre première culotte !

Le bon député doit toujours avoir l'œil ouvert sur les intérêts de l'agriculture, parce que l'agriculture est la mère nourricière de la France, et pour qu'elle puisse jouir de la paix dont elle a besoin pour ses développements naturels, il ne faut l'inviter à changer ni de gounement, ni de gouverneur.

« Nous sommes bien, tenons-nous-y ! »

Nous ne voulons plus pour nous représenter de ces nombreux personnages inexpérimentés, accablés de leur insuffisance et de leur désœuvrement, ne sachant faire œuvre de leurs dix doigts, et qui, faisant pour un instant violence à leur oisiveté, viennent mendier nos voix, nous suppliant de leur donner un siége à la Chambre des députés pour occuper leurs loisirs et troubler notre repos.

—

Y en a-t-il de ces ambitieux qui courent après les places ! Pour ma part, vous me croirez si vous voulez, je connais plus de vingt personnages dans mon canton qui, s'ils osaient, postuleraient pour les fonctions de député !

Mais enfin, on dira ce qu'on voudra, tout un chacun n'a pas les capacités nécessaires pour occuper ces places-là ! Me voyez-vous, — vous ou moi, n'importe, — député ou même simplement conseiller général? Je sais bien qu'avec notre système électoral, un simple caprice de la fortune pourrait, d'un moment à l'autre, faire un personnage politique du premier venu d'entre nous. Oui, mais ce n'est pas tout : une fois passés à l'état de personnage politique, quelle contenance aurions-nous sur ces siéges de fonctionnaires ou de magistrats où nous auraient placés l'estime et la confiance de nos concitoyens? Nous serions ridicules, mes amis, soit dit sans vous offenser. N'ayant point été élevés ni instruits pour de si hautes destinées, vous pouvez bien croire que si nous sommes des cultivateurs à peu près bons, nous ne ferions, en vérité, que de médiocres diplomates. Tout serait perte en cette affaire. Suivons le sillon que nous ont tracé nos pères :

Paysans nous sommes, paysans il nous faut rester ; c'est bien la seule politique raisonnable !

C'est celle qui nous convient à nous, travailleurs des champs, pères nourriciers de la France, qui donnons à manger à tout le monde, voire même à tous ces braillards, qu'on appelle *démagogues*, je ne sais pourquoi, mais qui ne sont point assurément de vrais Français, puisqu'on leur donne le nom de démagogues qui ne saurait s'appliquer à aucun d'entre nous.

On dit donc enfin que nous allons avoir, encore une fois, des députés à nommer, pour remplacer ceux que le Maréchal de Mac-Mahon a cassés dernièrement.

Il paraît que nous n'avions point voté pour les bons, l'année dernière, et c'est à recommencer.

Mais si nous n'avons point voté pour les bons, notre erreur est bien excusable; car, si vous vous en souvenez bien, personne ne nous a éclairés ; personne n'est venu nous avertir que nous faisions fausse route. Le gouvernement, qui est censé le père de famille, ne nous a donné aucun conseil. On dit qu'il avait, lui aussi, grand'peur de *se compromettre* en nous servant de guide, ce qui pourtant était son droit et son devoir, en ce temps-là comme à présent.

Abandonnés, livrés à nous-mêmes comme nous l'étions, il n'est pas étonnant que la plupart d'entre nous se soient jetés dans les bras de tous ces candidats qui s'offraient à nous, la bouche pleine de belles promesses qu'ils n'ont jamais tenues.

« Nommez donc ceux que vous voudrez ! » — Voilà ce que nous disaient tous ceux dans lesquels nous aurions pu avoir confiance ; on aurait dit qu'ils avaient tous peur de *se compromettre* en en disant davantage. On comprend bien quel était alors notre embarras.

De l'autre côté, les pêcheurs en eau trouble nous criaient à tue-tête :

« Votez donc comme nous ; nos candidats sont des
« braves gens qui veulent diminuer les impositions,
« réduire à trois ans la durée du service militaire ; ils
« veulent aussi respecter le pouvoir du maréchal de Mac-
« Mahon, etc., etc.... » et une quantité d'autres protestations du même genre, auxquelles ils ne croyaient pas eux-mêmes, bien sûr, mais à l'aide desquelles ils voulaient triompher de notre ignorance ; et ils y ont, ma foi, réussi ! Nous avons eu la faiblesse de nous laisser tous prendre à la glu de ces prôneurs intéressés, comme nous

nous laissons parfois éblouir à la vue des glaces et des belles enseignes dont les charlatans décorent leurs voitures. quand il viennent dans nos foires vendre leurs mauvaises drogues.

Maintenant que nous avons vu le beau travail qu'ont fait ces fameux députés, pendant les quinze grands mois qu'ils ont été en place, ils peuvent compter qu'ils ne nous y reprendront plus ; c'est assez d'avoir été dupés une fois. Nous ne sommes point, après tout, aussi bêtes qu'on le croit, et nous leur prouverons que nous voyons clair dans leur jeu.

Je pense bien, mes bons amis, que nous sommes tous d'accord là-dessus.

—

Pour en revenir à nos moutons, c'est donc bien au silence de l'autorité que nous devons d'avoir eu pour députés MM. Belle, Guinot, Joubert et Wilson, qui viennent de s'associer avec les fameux citoyens Louis Blanc, Raspail, Ordinaire, Barodet, Gambetta, Guyot-Montpayroux, et avec tous les grands braillards de révolutionnaires, au nombre de 363, pour essayer de renverser le maréchal de Mac-Mahon.

L'autorité nous a donc fait défaut en laissant nos votes s'égarer sur les noms de MM. Belle, Guinot, Joubert et Wilson, lesquels n'ont point tenu ce qu'ils avaient promis.

Je ne dis pas que ces quatre messieurs ne sont pas des braves gens. Oh ! non ; les braves gens ne sont point si rares, et, dans notre Touraine, on n'a, Dieu merci ! que l'embarras du choix. Vous autres tous, ainsi que moi-même qui ai l'honneur de vous parler, nous sommes, soit dit sans vanité, de tout aussi braves gens qu'eux, et, vous pouvez me croire, nous valons mieux qu'eux sous beaucoup de rapports.

Du reste, la question n'est point là. Ce que je veux dire, c'est que si nous admettons, avec raison, que les quatre anciens députés d'Indre-et-Loire sont des braves gens dans leur privé, il nous est bien permis d'examiner, aujourd'hui que le Président, d'accord avec le Sénat, les a cassés de leur grade, s'ils ont rempli loyalement la mission que nous leur avions donnée de représenter nos sentiments et de défendre nos intérêts.

—

Nos sentiments de bons Français, ils les ont foulés aux pieds, j'ose le dire, et je vais vous le prouver, mes chers camarades ; soyez patients et écoutez-moi bien :

La sagesse la plus économique nous dit qu'un mauvais arrangement vaut souvent mieux que le meilleur des procès. Eh bien ! le gouvernement que nous avons est un arrangement qui ne convient peut-être pas à tout le monde ; mais, suivant moi, il vaut encore mieux le conserver que d'entreprendre le procès de révolution qu'on voudrait nous faire plaider pour le renverser nous aurions les frais à payer ainsi que les avocats, et nous savons ce que ça coûte !

Or donc, nous avons un gouvernement, le plus simple est de le garder. Nous avons une Constitution, il faut la respecter. Nous avons pour Président un honnête homme et un vaillant soldat, soutenons-le fermement ; rendons-lui sa tâche facile par notre respect et notre dévouement.

N'écoutons pas ceux qui nous prêchent pour en mettre un autre à sa place : cela ferait peut-être bien leur affaire, mais cela ne ferait pas la nôtre. D'abord, je suis étonné et même blessé qu'on les laisse parler d'un changement qui serait un crime, et qui, heureusement, est impossible d'après la Constitution : ils n'ont pas le droit de proposer le changement du maréchal de Mac-Mahon, parce que ses pouvoirs, d'après la loi, ne doivent prendre fin que le 23 novembre 1880, à minuit, — ce qui nous assure trois longues années de paix et de tranquillité, et, par le temps qui court, c'est bien précieux.

Ces citoyens-là nous trompent, positivement ; nous devons mépriser ceux qui veulent nous tromper. Nous avons tout intérêt, — et notre devoir de bons Français nous le commande, — à conserver à la tête du gouvernement le Maréchal ; d'abord parce qu'il y est, et aussi parce que nous ne connaissons personne en France qui le puisse remplacer avec avantage.

Nos quatre anciens députés ont de la rancune contre le Maréchal, cela se comprend, parceque, voyant qu'ils ne faisaient rien d'utile au pays, et que leurs votes à la Chambre étaient en parfait accord avec ceux des révolutionnaires les plus détestables, il les a renvoyés chez eux ; mais nous ne devons ni partager leur rancune, ni nous rendre complices de leur vengeance ; et, au fait, m'est avis que le Maréchal a bien agi en les renvoyant, et qu'il ne l'aurait point fait s'il n'en avait pas eu le droit. Il est plus honnête et plus juste que toute ce monde-là !

En est-il un parmi eux qui puisse se mesurer avec lui ? Non ; sous aucun rapport, je ne crains pas de le dire, et vous le direz comme moi.

Caractère, loyauté, honneur, patriotisme, bravoure, courage, dévouement, énergie, générosité, modestie,

abnégation : le Maréchal possède toutes ces belles qualités. Avant de prendre au sérieux les anciens députés,
nous attendrons qu'ils nous montrent un des leurs, un
des 363, possédant au même degré ces qualités et ces
vertus ; et nous attendrons longtemps, vous pouvez en être
sûrs, mes amis, car des vertus aussi rares ne se trouvent
point chez des orgueilleux ou des vaniteux de leur espèce !

Vous voyez bien, mes chers collègues, que déjà, sur
ce point important, nous ne sommes nullement d'accord
avec MM. Belle, Guinot, Joubert et Wilson. Nous voulons
rester avec le Maréchal, et eux voudraient le renverser
pour mettre à sa place M. Thiers, qui a fait largement
son temps, puisqu'il a maintenant quatre-vingts ans et
six mois.

Quand on dit à ces messieurs que leur bonhomme est
vraiment trop vieux, ils répondent qu'il est vert comme
un jeune homme de trente ans, et qu'au cas où il lui arri-
verait malheur, ce qui pourrait bien lui arriver avant
peu, ils ont en réserve : 1° M. Gambetta, que nous
connaissons trop ; 2° M. Grévy, que nous ne connaissons pas. Tout ce que nous savons de ces deux messieurs, c'est qu'ils sont avocats tous les deux, voilà tout.
En bonne conscience, ce n'est pas une brillante recom-
mandation à nos yeux ; ce sont, comme on dit, de beaux
moulins à paroles, mais et leurs beaux discours n'ont le
plus souvent d'autre résultat que de nous troubler les
idées. On ne gouverne point les peuples avec des discours.

Je vous demande donc, mes amis, à vous qui avez du
bon sens, que gagnerions-nous à ce changement?

Peuvent-ils comparer ces avocats, quelque bavards qu'ils soient, au brave soldat d'Afrique, au vainqueur de Malakoff et de Magenta, au héros de Reischoffen, à l'illustre chef de notre vaillante armée, à ce chevalier sans peur et sans reproches, qui est, en définitive, le modèle de l'honneur français et le premier soldat de la patrie ?

Allons donc ! ce serait trop fort ! Si ces messieurs avaient cette prétention-là, ne serions-nous pas en droit de leur demander si, véritablement, ils nous prennent pour des imbéciles ?

Qu'ils prennent garde de ne pas trop nous irriter, car nous pourrions bien leur apprendre ce qu'il en coûte de se moquer de nous et d'abuser aussi grossièrement de notre bonne foi et de notre confiance !

—

En honnêtes gens que nous sommes, nous voulons faire notre devoir, et ce devoir consiste à voter carrément pour ceux qui veulent marcher d'accord avec le maréchal de Mac-Mahon, notre chef actuel. Notre devoir tout tracé, c'est de lui être fidèles et soumis, puisqu'il nous promet — et il nous en donne sa parole d'honneur — de rester à notre tête, *jusqu'au bout*, c'est-à-dire jusqu'au 23 novembre 1880, au moins (1), et de tenir haut et ferme, comme il l'a toujours tenu, le drapeau de la France.

Il nous promet aussi de conserver la paix avec toutes les nations de l'Europe, tant qu'on ne nous cherchera pas, comme on dit vulgairement, des poux à la tête.

(1) Les lois ne sont valables qu'à dater de leur promulgation. La loi qui confère au Maréchal la présidence pour 7 *ans* n'ayant été promulguée que le 23 novembre 1873, c'est donc le 23 novembre 1880 qu'expiront les pouvoirs du président.

Il nous promet encore — et ce n'est pas ce qui nous choque — de punir vigoureusement les mauvais Français qui essaieraient de fomenter le désordre et de nous inquiéter dans notre liberté, afin de pêcher à leur aise dans l'eau qu'ils auraient troublée.

Eh bien ! mes amis, la parole de Mac-Mahon est franche et loyale ; personne n'en doute, ni en France, ni en Europe, et ce n'est pas nous, bons Français, travailleurs de la ville et de la campagne, qui donnerons l'exemple de la méfiance. Si nous avions de la méfiance, ce serait bien plutôt contre ces mauvais citoyens qui mettent en œuvre toute leur astuce pour essayer de dénigrer la plus respectable et la plus pure de nos gloires nationales.

Tenez, mes amis, il faut que je vous remette en mémoire un fait appartenant à la vie du Maréchal et que quelques-uns d'entre vous ont peut-être oublié.

Le matin de la malheureuse bataille de Sedan, le Maréchal de Mac-Mahon, à la tête de ses soldats, se battait comme un lion ; autour de lui, la mitraille pleuvait et faisait de terribles ravages. Un obus l'atteignit lui-même au fort de la mêlée, et le blessa grièvement. Cette blessure était cruelle, douloureuse, et répandait beaucoup de sang. Ne voulant pas quitter le champ de bataille, il détacha sa ceinture et l'enroula autour de l'énorme plaie béante, afin d'étancher le sang qui coulait toujours Il voulut, malgré les supplications qui lui étaient faites, rester à cheval sur le lieu du combat, au milieu de tant de victimes, afin de se battre encore pour la France, et de stimuler le courage des combattants restés debout Mais, à la fin, les forces lui manquèrent : on fut obligé de le transporter dans une ambulance, où il reçut les soins qu'exigeait son état.

Forcé d'abandonner le commandement de l'armée, il

le remit provisoirement au brave général Ducrot, que le général Wimpfen, de triste mémoire, remplaça aussitôt.

On connaît, hélas! les résultats de cette cruelle journée. Notre pauvre armée fut vaincue, faite prisonnière, mais non sans avoir combattu valeureusement sous le commandement de Mac-Mahon et de Ducrot.

Lorsque le général de Wimpfen eut signé la capitulation et notre honte, le vieux roi de Prusse, qui de son quartier général avait admiré l'intrépidité de Mac-Mahon, envoya un de ses aides de camp à l'ambulance où se trouvait le Maréchal, avec mission de lui offrir la liberté en témoignage de son admiration. Mais la fierté du Maréchal ne pouvait supporter une pareille faveur de l'ennemi. Il se leva sur son séant et répondit simplement à l'envoyé du roi Guillaume :

« Dites à Sa Majesté que je la remercie. Je n'ai fait
« qu'une partie de mon devoir. Il me reste à partager le
« sort de mes soldats. Le roi votre maître est soldat : il doit
« connaître le devoir du soldat. Nous sommes vaincus.
« Vainqueur, mes soldats m'eussent porté en triomphe ;
« vaincu, ma place est au milieu d'eux. Je ne les aban-
« donnerai pas. Je demande comme un honneur de par-
« tager leur captivité. »

L'aide de camp du roi de Prusse s'inclina profondément, fit le salut militaire, et porta au roi cette fière et noble réponse. On sait, en effet, que le Maréchal fut emmené prisonnier en Allemagne comme les simples soldats.

C'est en captivité, où furent le rejoindre sa femme et ses enfants, que sa blessure se cicatrisa.

Ce trait ne suffit-il pas à nos cœurs de Français pour nous inspirer vis-à-vis du Maréchal l'admiration la plus sincère et la confiance la plus absolue ? Est-ce qu'un tel homme peut mentir et nous tromper ?

Lorsque, six mois après, la paix fut signée, il revint en France ; son rang de Maréchal de France le plaçait naturellement à la tête des débris de nos armées. Il s'occupa avec le général Ducrot et nos autres généraux, de rassembler les débris épars des quelques troupes que la guerre avait épargnées, et à en composer un petit noyau d'armée en réunissant à eux les captifs que nous rendait l'Allemagne.

Cette tâche difficile était à peine commencée, lorsqu'éclata la sanglante insurrection de Paris, le 18 mars 1871. Les brigands, le ramassis de coquins dont regorgeait la capitale, qui n'avaient pas su défendre Paris lorsque les Prussiens l'assiégeaient, et aux mains desquels Jules Favre et ses pareils avaient laissé des armes et des engins de guerre de toute nature, voulurent s'emparer du pouvoir ; ils commencèrent leur œuvre de destruction par l'assassinat, le pillage et l'incendie.

On connait les horreurs qu'ils ont commises pendant plus de deux mois. Les misérables communards étaient devenus la terreur du pays, et ils commettaient tous leurs crimes en criant : *Vive la république !*

L'Assemblée nationale et M Thiers, qui était président de la république à cette époque-là, ne savaient comment s'y prendre pour défendre le pays et le gouvernement contre les attaques de ces bandits. C'est au milieu de ces terribles angoisses qu'ils firent appel au Maréchal. Ils lui exposèrent la gravité de la situation, et on ne lui dissimula pas les forces immenses dont disposait l'ennemi qu'il fallait vaincre pour que la France fût sauvée.

— *C'est bon*, dit le Maréchal ; *je m'en charge !*

L'Assemblée nationale et le président lui donnèrent

carte blanche, et il va sans dire qu'encore une fois le Maréchal n'hésita point à exposer sa vie pour le salut de la France.

On sait comment, avec une armée peu nombreuse, composée d'éléments mal assortis, il reprit Paris aux insurgés, écrasa les communards ; nous nous souvenons du cri de joie qui s'échappa de nos poitrines lorsque nous avons appris la nouvelle de son triomphe sur l'infâme gouvernement de la Commune, durant lequel les insurgés avaient incendié, pétrolé, pillé les monuments publics et les propriétés privées, massacré des honnêtes gens inoffensifs, des prêtres et des magistrats, des militaires et des civils, des bourgeois et des ouvriers, jusqu'à de malheureux gendarmes et sergents de ville, pères de famille dont les orphelins sont restés naturellement à notre charge.

—

Que vous dirai-je encore, mes amis ?

Le maréchal de Mac-Mahon est né le 13 juillet 1808, ce qui lui donne aujourd'hui 69 ans. Il est soldat depuis 1825, — soit 52 ans de services. Il a gagné son bâton de Maréchal, non pas dans les bureaux du ministère ou ailleurs, mais sur les champs de bataille, à la pointe de l'épée, ce qui vaut mieux. Il ne parle pas beaucoup, le Maréchal, mais il agit ; nous aimons mieux cela ; nous en avons assez des avocats et des beaux parleurs qui plaident indifféremment le pour et le contre, selon que leur intérêt les y porte.

Le Maréchal de Mac-Mahon a été admirable dans toutes

les campagnes d'Afrique ; il a été héroïque en Crimée, à Malakoff ; il a sauvé notre armée en Italie, à Magenta, où, reconnaissant de sa belle conduite, l'empereur Napoléon lui a donné le titre de duc sur le champ de bataille. De plus, il a gouverné l'Algérie pendant des années : tous ceux qui ont pu apprécier son gouvernement lui rendent cette justice, qu'il l'a gouvernée avec une grande intelligence, au grand avantage du développement des richesses agricoles et industrielles de notre belle colonie française.

—

Tout ce que je viens de vous dire, mes bons amis, est la vérité pure. Je vous l'écris simplement, comme je le pense. Vous m'excuserez si je n'emploie point de belles phrases, mais je ne sais pas les faire ; ma bonne foi et le désir de vous faire voir clair me serviront d'excuse.

J'ai voulu vous faire connaitre, en deux mots, l'homme illustre qui nous gouverne, — l'homme honnête, ferme et loyal, devant lequel nous devons tous nous incliner,— l'homme enfin duquel tous les Français devraient être fiers ; car, au dire de nos ennemis eux-mêmes, il n'en est pas de plus respectable ni de plus digne !

—

Et maintenant, mes chers amis, dites-moi si la parole du glorieux chef de notre gouvernement ne vaut pas mieux, à elle seule, que celle des 363 coalisés, dont le premier besoin est une satisfaction d'amour-propre qui ne nous regarde pas ? Vous êtes trop sensés pour n'avoir pas répondu d'avance à cette question.

Le Maréchal de Mac-Mahon n'a jamais cabalé, lui, pour arriver au pouvoir. Il l'a accepté comme on accepte un poste périlleux, dans un moment de crise grave, lorsque M. Thiers, sans souci du danger qu'il y a de laisser le gouvernement vacant et sans chef, s'en est retiré dans un accès de mauvaise humeur.

Maintenant, le Maréchal y est, *il faut, dans notre intérêt, qu'il y reste !*

Les 363 étaient en désaccord avec le Président et le Sénat. Si nous les renommions, nous commettrions une grande maladresse et une faute qui nous coûterait cher. Ça serait dire au Président et au Sénat : « Nous voulons « que vous soyez les serviteurs des 363, et c'est pour « cela que nous vous les renvoyons!... »

Nous mettrions ainsi la charrette devant les bœufs. Les pouvoirs publics seraient arrêtés et rien ne marcherait plus, car faites bien attention à ce que je vais vous dire :

Le gouvernement se compose de trois éléments constitutionnels : 1° le Président de la République ; 2° le Sénat, et 3° la Chambre des députés.

Eh bien ! du moment que le Président et le Sénat sont d'accord, il y a majorité dans les éléments constitutifs des pouvoirs publics. Il faut donc que la Chambre, qui est seule de son avis, cède devant cette majorité incontestable.

Vous m'avez compris, mes chers amis, parce que je vous ai dit la vérité sans prétention, sans artifice. Vous pouvez me croire, parce que je suis absolument désintéressé. Je ne demande rien et ne veux rien être. Je serais assez récompensé si mes idées avaient pu vous rendre service en vous éclairant sur notre situation particulière.

—

Je vais terminer cet entretien par une pensée qui ne manquera pas de faire réfléchir les plus prévenus, je veux dire les plus incrédules d'entre vous :

Si MM. Belle, Guinot, Joubert et Wilson n'avaient pas aliéné leur indépendance en s'associant aux révolutionnaires les plus déclarés ; s'ils nous disaient qu'ils veulent dorénavant soutenir le Maréchal de Mac-Mahon dans la tâche difficile qu'il a acceptée de gouverner loyalement la France ; s'ils nous disaient qu'ils ne veulent plus faire une misérable opposition au Sénat, ou taquiner sans cesse les ministres qui ont la confiance du Président, — alors nous verrions ce qui nous resterait à faire pour essayer de les maintenir dans leurs places.

Mais, tant que ces quatre messieurs auront de la rancune pour le Maréchal ; tant qu'ils ne s'engageront pas énergiquement et publiquement à le soutenir ; tant que le Maréchal lui-même ne nous aura pas dit qu'il a confiance en eux, — **l'amour de la France et la Paix du pays nous impose le devoir de ne jamais voter pour eux.**

Au revoir, mes amis ; à bientôt ; et, en attendant, crions tous ensemble : *Vive le Président ! Vive la Paix ! Vive l'Agriculture !*

M. ROUSSEAU,
cultivateur dans la Varenne.

ENCORE UN MOT.

———

Un paysan de mes amis, à qui je viens de lire la lettre ci-dessus, m'a fait une observation que je trouve assez juste.

— Mon cher camarade, m'a-t-il dit, savez-vous pourquoi un grand nombre d'entre nous se laissent entortiller par ces déclassés qui colportent, dans nos campagnes, les discours des galvaudeux de toutes les gauches réunies ? Non, n'est-ce pas ? Eh bien, permettez-moi de vous le dire : c'est parce que nous ne sommes pas assez instruits sur la connaissance des lois. Je vous engage à faire imprimer votre lettre, et d'y ajouter le texte des Lois constitutionnelles. Chacun de nous pourra les étudier consciencieusement, et nous verrons clair dans le jeu de nos trouble-fêtes, qui s'obstinent à nous faire prendre des vessies pour des lanternes.

Je me rends au désir de cet ami dont le bon sens

m'a frappé, et je fais imprimer les lois que chacun de nous sera heureux de connaître.

LOIS CONSTITUTIONNELLES.

Loi qui confie le Pouvoir exécutif, pour sept ans, à M. le Maréchal de Mac-Mahon, duc de Magenta.

DU 20 NOVEMBRE 1873.

(Promulguée au *Journal officiel* du 23 novembre 1873.)

Art. 1er. — Le pouvoir exécutif est confié pour sept ans, au Maréchal de Mac-Mahon, Duc de Magenta, à partir de la promulgation de la présente loi; ce pouvoir continuera à être exercé avec le titre de Président de la République et dans les conditions actuelles jusqu'aux modifications qui pourraient y être apportées par les lois Constitutionnelles.

Art. 2. — Dans les 3 jours qui suivront la promulgation de la présente loi, une commission de trente membres sera nommée en séance publique et au scrutin de liste, pour l'examen des lois constitutionnelles.

Loi constitutionnelle relative à l'organisation des Pouvoirs publics.

DU 25 FÉVRIER 1875.

(Promulguée au *Journal officiel* du 28 février 1875.)

L'ASSEMBLÉE NATIONALE A ADOPTÉ LA LOI dont la teneur suit :

Art. 1er. — Le pouvoir législatif s'exerce par deux assemblées : la Chambre des Députés et le Sénat.

La Chambre des Députés est nommée par le suffrage universel, dans les conditions déterminées par la loi électorale.

La composition, le mode de nomination et les attributions du Sénat seront réglés par une loi spéciale.

Art. 2. — Le Président de la République est élu à la majorité absolue des suffrages par le Sénat et par la Chambre des Députés réunis en Assemblée Nationale.

Il est nommé pour 7 ans. Il est rééligible.

Art. 3. — Le Président de la République a l'initiative des lois, concurremment avec les membres des deux Chambres; il promulgue les lois lorsqu'elles ont été votées par les deux Chambres; il en surveille et en assure l'exécution,

Il a le droit de faire grâce ; les amnisties ne peuvent être accordées que par une loi.

Il dispose de la force armée.

Il nomme à tous les emplois civils et militaires.

Il préside aux solennités nationales. Les envoyés et les ambassadeurs des puissances étrangères sont accrédités auprès de lui.

Chacun des actes du Président de la République doit être contre-signé par un ministre.

Art. 4. — Au fur et à mesure des vacances qui se produiront à partir de la promulgation de la présente loi, le Président de la République nomme, eu Conseil des ministres, les conseillers d'État en service ordinaire.

Les conseillers d'État ainsi nommés ne pourront être révoqués que par décision prise en Conseil des ministres.

Les conseillers d'État nommés en vertu de la loi du 24 mai 1872 ne pourront, jusqu'à l'expiration de leurs pouvoirs, être révoqués que dans la forme déterminée par cette loi. Après la séparation de l'Assemblée nationale, la révocation ne pourra être prononcée que par une résolution du Sénat.

Art. 5. — Le Président de la République peut, sur l'avis conforme du Sénat, dissoudre la Chambre des députés avant l'expiration légale de son mandat.

En ce cas, les colléges électoraux sont convoqués pour de nouvelles élections dans le délai de trois mois.

Art. 6. — Les ministres sont solidairement responsables devant les Chambres de la politique générale du Gouvernement, et individuellement de leurs actes personnels.

Le Président de la République n'est responsable que dans le cas de haute trahison.

Art. 7. — En cas de vacance par décès ou par toute autre cause, les deux Chambres réunies procéderont immédiatement à l'élection d'un nouveau Président.

Dans l'intervalle, le Conseil des ministres est investi du pouvoir exécutif.

Art. 8. — Les Chambres auront le droit, par délibérations séparées, prises dans chacune à la majorité absolue des voix, soit spontanément, soit sur la demande du Président de la République, de déclarer qu'il y a lieu de réviser les lois constitutionnelles.

Après que chacune des deux Chambres aura pris cette résolution, elles se réuniront en Assemblée nationale pour procéder à la révision.

Les délibérations portant révision des lois constitutionnelles, en tout ou en partie, devront être prises à la majorité absolue des membres composant l'Assemblée nationale.

Toutefois, pendant la durée des pouvoirs conférés, par la loi du 20 novembre 1873, à M. le maréchal de Mac-Mahon, cette révision ne peut avoir lieu que sur la proposition du Président de la République.

Art. 9. — Le siége du pouvoir exécutif et des deux Chambres est à Versailles.

Loi constitutionnelle sur les rapports des pouvoirs publics.

DU 16 JUILLET 1875.

(Promulguée au *Journal officiel* du 18 juillet 1875.)

L'ASSEMBLÉE NATIONALE A ADOPTÉ LA LOI dont la teneur suit :

Art. 1er. — Le Sénat et la Chambre des députés se réunissent chaque année, le second mardi de janvier, à moins d'une convocation antérieure faite par le Président de la République.

Les deux Chambres doivent être réunies en session cinq mois au moins chaque année. La session de l'une commence et finit en même temps que celle de l'autre.

Le dimanche qui suivra la rentrée, des prières publiques seront adressées à Dieu dans les églises et dans les temples pour appeler son secours sur les travaux des Assemblées.

Art. 2. — Le Président de la République prononce la clôture de la session. Il a le droit de convoquer extraordinairement les Chambres. Il devra les convoquer si la demande en est faite, dans l'intervalle des sessions, par la majorité absolue des membres composant chaque Chambre.

Le Président peut ajourner les Chambres. Toutefois l'ajournement ne peut excéder le terme d'un mois, ni avoir lieu plus de deux fois dans la même session.

Art. 3. — Un mois au moins avant le terme légal des pouvoirs du Président de la République, les Chambres devront être réunies en Assemblée Nationale pour procéder à l'élection du nouveau Président.

A défaut de convocation, cette réunion aurait lieu de plein droit le quinzième jour avant l'expiration de ces pouvoirs.

En cas de décès ou de démission du Président de la République les deux Chambres se réunissent immédiatement et de plein droit.

Dans le cas où, par application de l'article 5 de la loi du 25 février 1875, la Chambre des députés se trouverait dissoute au moment où la Présidence de la République deviendrait vacante, les collèges électoraux seraient aussitôt convoqués et le Sénat se réunirait de plein droit.

Art. 4. — Toute assemblée de l'une des deux Chambres qui serait tenue hors du temps de la session commune est illicite et nulle de plein droit, sauf le cas prévu par l'article précédent et celui où le Sénat est réuni comme Cour de justice ; et, dans ce dernier cas, il ne peut exercer que des fonctions judiciaires.

Art. 5. — Les séances du Sénat et celles de la Chambre des Députés sont publiques.

Néanmoins, chaque Chambre peut se former en comité secret sur la demande d'un certain nombre de ses membres, fixé par le règlement.

Elle décide ensuite, à la majorité absolue, si la séance doit être reprise en public sur le même sujet.

Art. 6. — Le Président de la République communique avec les Chambres par des messages qui sont lus à la tribune par un ministre.

Les ministres ont leur entrée dans les deux Chambres et doivent être entendus quand ils le demandent. Ils peuvent se faire assister par des commissaires désignés pour la discussion d'un projet de loi déterminé par décret du Président de la République.

Art. 7. — Le Président de la République promulgue les lois dans le mois qui suit la transmission au Gouvernement de la loi définitivement adoptée. Il doit promulguer dans les trois jours les lois dont la promulgation, par un vote exprès dans l'une et l'autre Chambre, aura été déclarée urgente.

Dans le délai fixé pour la promulgation, le Président de la République peut, par un message motivé, demander aux deux Chambres une nouvelle délibération qui ne peut être refusée.

Art. 8. — Le Président de la République négocie et ratifie les traités. Il en donne connaissance aux Chambres aussitôt que l'intérêt et la sûreté de l'État le permettent.

Les traités de paix, de commerce, les traités qui engagent les finances de l'État, ceux qui sont relatifs à l'état des personnes et au droit de propriété des Français à l'étranger, ne sont définitifs qu'après avoir été votés par les deux Chambres. Nulle session, nul échange, nulle adjonction de territoire ne peut avoir lieu qu'en vertu d'une loi.

Art. 9. — Le Président de la République ne peut déclarer la guerre sans l'assentiment préalable des deux Chambres.

Art. 10. — Chacune des Chambres est juge de l'éligibilité de ses membres et de la régularité de leur élection; elle peut seule recevoir leur démission.

Art. 11. — Le bureau de chacune des deux Chambre est élu chaque année pour la durée de la session, et pour toute session extraordinaire qui aurait lieu avant la session ordinaire de l'année suivante.

Lorsque les deux Chambres se réunissent en Assemblée nationale, leur bureau se compose des président, vice-présidents et secrétaires du Sénat.

Art. 12. — Le Président de la République ne peut être mis en accusation que par la Chambre des députés et ne peut être jugé que par le Sénat.

Les Ministres peuvent être mis en accusation par la Chambre des députés pour crimes commis dans l'exercice de leurs fonctions. En ce cas, ils sont jugés par le Sénat.

Le Sénat peut être constitué en Cour de justice par un décret du Président de la République, rendu en conseil des ministres, pour juger toute personne prévenue d'attentat commis contre la sûreté de l'État.

Si l'instruction est commencée par la justice ordinaire, le décret de convocation du Sénat peut être rendu jusqu'à l'arrêt de renvoi.

Une loi déterminera le mode de procéder pour l'accusation, l'instruction et le jugement.

Art. 13. — Aucun membre de l'une ou de l'autre Chambre ne peut être poursuivi ou recherché à l'occasion des opinions ou votes émis par lui dans l'exercice de ses fonctions.

Art. 14. — Aucun membre de l'une ou de l'autre Chambre ne peut, pendant la durée de la session être poursuivi ou arrêté en matière criminelle ou correctionnelle qu'avec l'autorisation de la Chambre dont il fait partie, sauf le cas de flagrant délit.

La détention ou la poursuite d'un membre de l'une ou de l'autre Chambre est suspendue, pendant la session, et pour toute sa durée, si la Chambre le requiert.

Maintenant, mes chers amis, quand on vous parlera de ceci et de cela, du pour et du contre, de la loi et du droit, vous pourrez répondre comme des gens instruits, et si quelques braillards de cabaret, colporteurs de mensonges et de discours odieux, cherchent à vous intimider ou à vous faire croire que le Maréchal de Mac-Mahon n'avait pas le droit de renvoyer les députés, avec l'avis du Sénat, ou qu'il ne dispose pas des armées de terre et de mer, ou qu'il ne nomme pas à tous les emplois civils et militaires, ou encore qu'il devra quitter son poste avant le 23 novembre 1880, — vous ne les écouterez pas : vous resterez fermes sur la loi et confiants dans l'honneur de Mac-Mahon.

Votre bon droit et votre bon sens triompheront sans peine de toutes les mauvaises raisons des hâbleurs, dont le seul but est de vous tromper. Ils sont payés pour cela. Envoyez-les faire leur métier ailleurs !

Qu'ils nous débarrassent de leur présence !

M. R.

Tours. — Mazereau, imprimeur breveté.

IMPRIMERIE ERNEST MAZEREAU.

* 9 7 8 2 0 1 2 4 6 2 4 2 7 *